AF465547

DESCRIPTIONS
DES ARTS
ET MÉTIERS.

DESCRIPTIONS
DES ARTS
ET MÉTIERS,

FAITES OU APPROUVÉES

PAR MESSIEURS

DE L'ACADÉMIE ROYALE
DES SCIENCES.

AVEC FIGURES EN TAILLE-DOUCE.

A PARIS,

Chez { SAILLANT & NYON, rue S. Jean de Beauvais;
DESAINT, rue du Foin Saint Jacques.

M. DCC. LXI.

Avec Approbation & Privilége du Roi.

ART
DE FAIRE LES TAPIS,
FAÇON DE TURQUIE,
CONNUS SOUS LE NOM DE TAPIS DE LA SAVONNERIE.

Par M. DUHAMEL DU MONCEAU.

M. DCC. LXVI.

ART
DE FAIRE LES TAPIS,
FAÇON DE TURQUIE,
CONNUS SOUS LE NOM DE TAPIS DE LA SAVONNERIE;

Sur les Mémoires & Instructions de M.r de Noinville, ancien Directeur de la Manufacture Royale de Chaillot.

Par M. DUHAMEL DU MONCEAU.

LA DESCRIPTION (*) des Arts intéresse différentes personnes.

1°, Les Ouvriers à qui on indique les meilleures pratiques qu'ils doivent suivre.

2°, Ceux qui veulent faire des établissements, trouvent dans l'Histoire des Arts les découvertes qui ont été faites, ce qui leur épargne des efforts inutiles pour chercher ce qui est déja connu. Comme les uns & les autres doivent avoir des connoissances dans l'Art qui fait l'objet de leur occupation, ils entendent avec facilité les détails les plus compliqués, & ils sont en état de

(*) Je n'ai rien trouvé dans le dépôt de l'Académie qui eût rapport à cet Art, ni Desseins, ni Mémoires; mais sachant que M. de Noinville en possédoit supérieurement tous les détails, je le priai de m'aider de ses connoissances: & ayant agréé ma proposition, non-seulement il a eu la complaisance de venir avec moi à Chaillot, & de m'expliquer toutes les manœuvres, mais de plus, il m'a donné des Mémoires sur toutes les opérations de cet Art. Je dois encore des remerciments à M. du Vivier pour toutes les politesses que j'ai reçues de lui dans cette Manufacture Royale dont il est actuellement Directeur.

Pour essayer de rendre l'Art que je publie le plus complet qu'il seroit possible, j'ai cru devoir m'informer de ce qui se pratique dans la Fabrique d'Aubusson, qui, depuis 1740, fait des Tapis de pied, façon de Turquie. J'étois bien informé que les tapis qu'on fabrique à Aubusson, n'approchoient pas de la perfection de ceux qui sortent de la Manufacture Royale de Chaillot; mais comme les ouvrages d'Aubusson se vendent un prix très-modique, en comparaison de ceux de la Savonnerie de Chaillot, je jugeai que la main-d'œuvre devoit être beaucoup plus expéditive; & pour en être exactement instruit, je m'adressai, sous les auspices de M. Trudaine, à M. Châteaufavier, Inspecteur des Manufactures à la résidence d'Aubusson, dont je connoissois le zéle pour le progrès des Arts & la capacité. On verra, par les notes que m'a envoyé M. Châteaufavier, que la principale différence entre ces deux Fabriques consiste dans la finesse des matieres.

La Manufacture d'Aubusson a un avantage bien essentiel; c'est celui d'occuper journellement 250 personnes, qui en tirent toute leur subsistance. On ne pouvoit l'établir dans un endroit plus convenable par le bas prix où y sont les denrées; d'ailleurs on y voit l'esprit inné du Métier dès les plus tendres années, la preuve en est évidente : les Ouvrieres commencent à travailler à ces tapis dès l'âge de neuf ans, & on est surpris de voir la dextérité & l'aisance avec laquelle elles s'y prennent, presque dès le premier instant qu'elles s'y adonnent : elles se contentent d'un salaire très-modique; & c'est pour cette comparer sans peine la différence de leurs pratiques d'avec celles qu'on leur indique.

3°, La Description des Arts intéresse encore ceux qui, curieux de connoître les progrès de l'esprit humain, veulent avoir une idée générale de toutes les inventions; il est vrai que ceux-là ne se proposant pas de pratiquer l'Art qu'ils examinent, ils n'en saisissent ordinairement que l'Histoire & les principaux traits; presque tous les détails leur échappent, ou ils les négligent.

Un quatrieme avantage qui a peut-être plus contribué que les autres à faire entreprendre à l'Académie la Description des Arts, & qui oblige à ne négliger aucun des petits détails de pratique, est d'avoir un dépôt qui puisse mettre sur la voie de retrouver les Arts qui se seroient perdus.

Il ne faut cependant pas s'imaginer que ceux qui voudroient les faire renaître, y pussent parvenir sans peine à l'aide des Descriptions exactes qu'on s'efforce de rendre les plus claires qu'il est possible. On ne peut transmettre ce qui dépend du génie des Maîtres & de l'adresse des Ouvriers; mais avec de l'intelligence & de la persévérance, ils pourront, après avoir fait des essais grossiers, parvenir peu-à-peu au degré de perfection où ils desireroient atteindre.

Malgré la difficulté qu'il y a à bien pratiquer l'Art que nous nous proposons ici de décrire, on ne peut douter de son ancienneté, puisqu'il étoit connu des anciens Perses; & il s'est toujours conservé dans le Levant, où on le pratique encore aujourd'hui.

raison qu'on s'est attaché à n'occuper que des femmes & des filles à cette Fabrique; il auroit fallu au moins tripler la somme qu'on leur donne pour y employer des hommes, ce qui auroit porté les Tapis à un trop haut prix, & infailliblement par cette raison elle n'auroit pû se soutenir.

On ne connoît sur cette matiere qu'un Ouvrage intitulé: *Stromatourgie ou de l'excellence de la Manufacture des Tapis de Turquie nouvellement établie en France, sous la conduite de Noble-homme Pierre Dupont, Tapissier du Roi esdits Ouvrages. Paris, en la Maison de l'Auteur, en la Gallerie du Louvre*, 1632, *Volume in-4° de 34 pages.*

Cet Ouvrage est moins une description, qu'un éloge de l'Art. Il est divisé en 4 Chapitres qu'il appelle *Parterres.* Le premier contient la définition & l'explication du mot *Stromatourgie.* Ce mot est composé de deux mots Grecs στρῶμα, Tapis, & ἔργον, Ouvrage.

Le second Chapitre ou Parterre, traite de l'antiquité & excellence de l'invention des Tapisseries, qu'il fait remonter jusqu'au temps du Tabernacle, & aux habillements que Dieu ordonna à Moyse de faire faire pour le Grand-Prêtre; mais ces ornements n'étoient pas de la Fabrique dont il s'agit ici, puisqu'ils n'étoient que peints; & il paroît au rapport de Pline, que l'on n'y employoit que 4 couleurs, le blanc, le verd, le rouge & le noir. Notre Auteur dit que de son temps les Turcs n'employoient encore dans la composition de leurs Tapis, que les sept couleurs principales. Après avoir parlé des Tapissiers Sarrasinois, il rapporte une Sentence du Châtelet de Paris, rendue en 1295, en faveur des Tapissiers de Haute-lice contre les Tapissiers Sarrasinois; ce sont les Ouvriers qui travailloient les Tapis à la façon du Levant.

Dans le 3e Chapitre ou Parterre, l'Auteur dit fort en bref comment on doit fixer & établir une Manufacture de Tapis de Turquie; comment on les travaille; quel est le nom des Outils; comment on monte la Chaîne; mais il ajoute que le Point de Turquie ne peut s'enseigner que par la pratique.

4e Chapitre ou Parterre. Histoire de l'établissement de la Manufacture de Tapis de Turquie à Paris, en faveur de Pierre Dupont, Inventeur de ladite Manufacture, fils de François Dupont, Trésorier de la Gendarmerie en 1604. Le Roi Henri IV se proposoit d'établir cette Manufacture dans toute la France, comme il avoit fait celle des Tapisseries de Flandre, de l'or de Milan, & des étoffes de Drap d'or & de soie, afin d'empêcher le transport de l'or & de l'argent qui se fait hors de France, par le trafic continuel desdites Etoffes, & par ainsi, disoit ce grand Prince, enrichir la France, & faire travailler une infinité de Fainéants & de Vagabonds; mais la mort ayant empêché ce Prince de suivre l'exécution de ce projet, ce ne fut qu'en 1626 que Pierre Dupont fut établi avec Simon Loresdet son Apprentif.

Il y a quelque lieu de présumer que, dans l'irruption que les Sarrasins firent en France du temps de Charles Martel, quelques Ouvriers s'y établirent & firent des Tapis à la façon de leur Pays ; on en a la preuve par les Réglements faits au Châtelet de Paris pour la Communauté des Maîtres Tapissiers de cette Ville, puisque, par les Statuts de cette Communauté, les Ouvriers Sarrasins sont reconnus comme les plus anciens de ce Corps.

La Fabrique des Tapis, façon du Levant, s'est infiniment perfectionnée sous le Regne de Henri IV, où, en conservant la même Méchanique qui y étoit établie, on parvint à exécuter des Ouvrages bien plus parfaits.

Sur la fin du seizieme siecle & au commencement du dix-septieme, vivoit un Particulier nommé Pierre Dupont, qui avoit fait de bonnes études, & qui avoit appris par délassement l'Enluminure, chose assez d'usage dans ce temps-là : les malheurs de la Ligue lui ayant enlevé son état & sa fortune, il chercha une ressource dans le travail en Tapisserie, & choisit le point Sarrasinois. Frappé du peu de goût de ces sortes d'Ouvrages, & son génie lui faisant appercevoir qu'il étoit possible de les perfectionner au point de pouvoir imiter toutes sortes de Tableaux, il imagina des changements qui perfectionnerent cette Fabrique, & elle devint entre ses mains infiniment plus estimable.

Ces succès firent que Henri IV le nomma son Tapissier ordinaire, & lui donna un logement par brevet dans sa Gallerie du Louvre en 1608. Ses successeurs ont continué à perfectionner le même Art. Cependant on apperçoit, qu'avec quelques légers changements & quelques dépenses de plus, il pourroit encore être porté au-delà de ce qu'il a été jusqu'à présent; on peut en juger par de petits morceaux qu'on s'est attaché à faire avec plus de soin que les grands tapis. Il est effectivement surprenant de voir avec quelle vérité & quel effet on peut représenter tous les objets de la nature ; cette Fabrique fournit tous les moyens de faire avec facilité les mélanges les plus parfaits dans les couleurs, & de rendre le moëlleux ou le gras des plus beaux Tableaux. Son velouté occasionne la répétition des ombres, & donne par-là beaucoup d'ardeur sans dureté.

Malheureusement la partie du génie qui est nécessaire pour atteindre à ce degré de perfection, ne peut se transmettre. Il faut, à la vérité, beaucoup de pratique & d'étude ; mais cela ne suffit pas, & chaque Ouvrier devient plus ou moins habile, suivant l'étendue de son intelligence, & la sagacité de son esprit.

Nous ne nous proposons donc d'exposer ici que la méchanique de cet Art, puisque c'est la seule chose que l'on puisse décrire. Et pour traiter notre sujet avec ordre, nous le diviserons en trois Parties.

1°, Les matieres avec lesquelles se font les Tapis du Levant.

2°, La Description du Métier, & la façon de le monter.

3°, Ce qui regarde la main de l'Ouvrier.

Des Matieres qui doivent former le Tiſſu.

La Chaîne eſt faite avec au moins trois brins d'une laine fine, point jarreuſe & retorſe pour qu'elle ait plus de force; elle doit, de plus, être filée bien également; cette chaîne qui forme le cannevas ſur lequel l'Ouvrier doit travailler, ſe monte ſur un métier, & c'eſt ſur les fils de chaîne qu'on lie la laine qui forme véritablement le point, ainſi que nous l'expliquerons [a].

Le Tiſſu de ces tapis préſente un velouté fait d'une laine fine teinte en toutes ſortes de couleurs aſſez nuancées pour former les différents Deſſeins que repréſentent les Tableaux qu'on veut imiter [b].

Il faut que cette laine ſoit de bonne qualité, & ſur-tout aſſez moëlleuſe pour recevoir la Teinture juſques dans le cœur; car comme on la coupe, l'intenſité de la couleur ſeroit fort diminuée, ſi la teinture n'avoit pas pénétré dans l'intérieur. Il faut de plus qu'elle ſoit filée bien également; ces deux conditions contribuent beaucoup à la perfection de l'ouvrage.

Il faut encore du fil de chanvre qui ſoit aſſez fin pour tenir peu de place; cependant il doit avoir ſuffiſamment de force pour réſiſter au peigne [c]. Ce fil qui ſert à lier tout l'ouvrage, ne doit point paroître, étant entiérement recouvert par la laine du tiſſu; il s'enlace comme une trame entre les fils de la chaîne. On verra l'emploi de ces différentes matieres, lorſque nous expliquerons le travail de l'Ouvrier [d].

On doit remarquer que ſi l'on veut faire des meubles ou d'autres petits ouvrages de cette étoffe, la chaîne doit être plus fine que quand on fait des tapis, qui, étant pour l'ordinaire de grandes pieces, exigent plus de force & de conſiſtance [e].

[a] La chaîne des tapis qu'on fabrique dans la Manufacture d'Aubuſſon en laines groſſieres, eſt compoſée de ſix brins retors enſemble, d'étaim qu'on tire de Tulle en Limoſin, très-fort & moëlleux; après une multitude d'expériences, cette qualité a paru la plus convenable pour ces ſortes d'ouvrages; on s'en ſert également pour les tapis fins, excepté qu'on n'y met que quatre brins; mais auſſi les portées en ſont plus multipliées.

[b] La laine qu'on emploie à Aubuſſon pour le velouté dans les tapis ordinaires, vient de Maringue, haute Auvergne: on en a éprouvé de pluſieurs autres Provinces, & même de l'Etranger; elle a paru la plus propre, ſoit pour la force, ſoit parce qu'elle eſt infiniment plus amoureuſe que toute autre pour la teinture: les autres coupées ſe montroient blanches au-dedans, ou n'avoient le plus ſouvent reçu qu'une légere impreſſion de la teinture; d'ailleurs elles étoient pour la plupart cotonneuſes, ce qui faiſoit encore un mauvais effet.

[c] On ſe ſert communément à la Savonnerie de fil de Bretagne.

[d] Dans les premiers Tapis qui ont été fabriqués à Aubuſſon, on s'étoit ſervi, à l'inſtar de la Savonnerie, de fil de chanvre pour la paſſée; mais on s'apperçut qu'il écorchoit la chaîne, & qu'il rendoit les tapis trop roides, il y en eut même des plaintes, parce qu'on ne pouvoit les tendre parfaitement ſur les parquets: on eut donc recours à la laine, & on s'en trouve bien: elle eſt de qualité équivalente à celle de la chaîne, excepté qu'elle n'eſt qu'à deux brins, auſſi retors enſemble.

[e] On a rarement fabriqué à Aubuſſon d'autres meubles que des tapis; on s'eſt ſervi de chaîne & de paſſée plus fine, lorſqu'on a été dans le cas de faire des écrans, des fauteuils, &c.

Détail

Détail des Pieces qui composent le Métier.

Le Bâtiment où l'on a dessein de placer les Métiers destinés à cette Fabrique, doit être composé de salles fort vastes, puisque l'on fait des tapis de trente pieds de largeur; il faut que le Métier ait toujours quatre ou cinq pieds plus de largeur que le tapis que l'on veut monter, cet excédent étant nécessaire pour les manœuvres dont nous parlerons dans un instant (a).

Pour les meubles, les Métiers doivent être plus petits; mais le travail est toujours le même.

Un métier est composé de deux montants *AC*, *BD*, (*Pl. I*, *fig.* 1 & 2), que l'on appelle *Cotterets*. Ce sont, pour des Métiers de trente pieds de largeur (*Pl. II*), deux pieces de bois de chêne de vingt ou vingt-deux pouces de large, de sept ou huit pouces d'épaisseur, & de neuf à dix pieds de hauteur; il faut que chaque cotteret soit percé de deux trous, un en haut, l'autre en bas, d'environ un pied de diametre, & ces trous doivent être éloignés les uns des autres d'environ six pieds *EF*, (*fig.* 1 & 2); ils doivent être parfaitement ronds. Ces deux pieces *AC*, *BD* forment les côtés du chassis du Métier à la droite & à la gauche des Ouvriers (b).

Ces montants sont assemblés par en bas à un fort patin de Menuiserie *CD*, (*Pl. II*, *fig.* 1), & liés par en haut *B*, aux poutres ou aux solives du plancher, par de fortes brides de fer qui les attachent aux poutres, ou par des arcboutants de fer qui répondent à plusieurs solives.

Il faut de plus deux cylindres ou *ensouples* de bois de sapin (c) parfaitement rondes *GH*, *IK*, (*Pl. I*, *fig.* 2, 3 & 4); elles doivent être garnies de frettes de fer aux deux bouts de peur qu'elles n'éclatent; on voit ces frettes en *GH*, (*fig.* 3). Si les ensouples étoient de bois de chêne, elles seroient trop pesantes & difficiles à rouler; il faut qu'elles aient, pour les grands Métiers, 18 à 20 ou 22 pouces de diametre; qu'elles aient dans toute leur

(a) Il n'y a point à Aubusson de Bâtiment particulier destiné pour cette Fabrique. Dans son origine, le Roi fit la dépense de six Métiers munis d'ustensiles, qui furent donnés à deux Maîtres Ouvriers au fait de la conduite de ces Ouvrages, pour y avoir travaillé en Angleterre; ils les placerent dans leurs maisons avec assez de gêne; successivement à proportion qu'on a vu que les Tapis prenoient faveur, on a augmenté le nombre des Maîtres qu'on avoit à cette intention formé de longue main, & en même temps celui des Métiers, y ayant actuellement cinq Maîtres qui font travailler chez eux chacun pour leur compte; quatre se font très-commodément logés, ayant fait construire des Bâtiments exprès, & le cinquieme se propose, lorsque ses facultés le lui permettront, d'en faire autant: ils ont entr'eux tous vingt-quatre Métiers de différentes grandeurs, il y en a qui ont jusqu'à 30 pieds; lorsque les Tapis sont plus grands, on fait les bordures séparément, & on les rapporte sans qu'il y paroisse.

Par la vérification qu'on a faite, avec toute l'attention possible, de chacune des pieces qui composent les Métiers de la Savonnerie, & de leur forme; il est reconnu qu'il n'y a nulle différence d'avec ceux d'Aubusson; ils sont exactement les mêmes.

(b) Nous avons représenté sur la Planche I un petit Métier pour meuble, où tout est proportionnellement plus petit qu'au grand Métier (*Pl. II*), que nous décrivons plus en détail que l'autre.

(c) Comme il n'y a pas de sapins à Aubusson, les ensouples & toutes les pieces des Métiers généralement quelconques, sont de chêne. Après plusieurs essais d'autres especes de bois plus légers, on a été forcé de revenir à cette premiere.

longueur une rainure de deux pouces de large, sur deux pouces & demi de profondeur; que les deux bouts de ces ensouples soient taillés en forme de tourillon pour pouvoir entrer dans les trous *EF* (*fig.* 1) des cotterets; & si le diametre de l'ensouple est de deux pieds, celui des tourillons est réduit à un pied. Ainsi il faut concevoir qu'il doit y avoir deux ensouples pareilles, une en haut du Métier, l'autre en bas, & que leurs extrémités entrent dans les trous *EE*, *FF* (*fig.* 1 & 2) des cotterets : elles sont donc comme deux traverses *GH*, *IK* (*fig.* 2). Il y a une autre traverse *LM* (*fig.* 2 & 5), qu'on nomme la *Perche de lisse*; c'est une piece de bois ronde qui doit avoir la même longueur que les ensouples, & environ 6 pouces de diametre. On la place en avant du Métier, comme on le voit, (*fig.* 2). Elle doit être portée par des barres de bois *N*, de deux pouces d'équarrissage (*fig.* 1 & 2), qui se placent dans les trous qui sont sur le devant des cotterets, & sur un montant qui est en avant des cotterets, afin de pouvoir monter & baisser cette perche de lisse suivant le besoin. Aux grands Métiers, cette traverse *N*, (*Pl. II*) est soutenue par un montant *n*; aux petits métiers (*Pl. I*), la traverse *N*, qu'on voit aussi (*fig.* 9) ne tient que par son tenon.

Aux grands Métiers, les cotterets ne sont point liés l'un à l'autre par des traverses; mais ils sont assujettis au plancher de l'Attelier par leur bout d'en haut *B* (*Pl. II*, *fig.* 1), & affermis par les ensouples & le patin d'en bas qui est très-solide.

Il faut encore des Planches *O*, (*Pl. IV*, *fig.* 1 & 2) de la longueur des ensouples; elles servent de bancs aux Ouvriers qui s'asseyent devant le Métier.

Ce qu'on appelle l'*Equipage du Métier* consiste en quatre *Ardieres*, deux pour l'ensouple d'en bas, & deux pour l'ensouple d'en haut. Ce sont de grosses cordes *a* (*Pl. I*, *fig.* 11), & *A* (*Pl. II*, *fig.* 1). Voici comme on arrête les ardieres à l'ensouple *a*, (*Pl. I*, *fig.* 11); le cylindre est percé de quatre trous diamétralement opposés, dans lesquels on met des chevilles qui servent à arrêter les bouts de la corde qu'on nomme *Ardiere*; elle fait plusieurs révolutions autour des ensouples, & forme une anse dans laquelle on passe un levier *b*, qu'on nomme *Bandage*. Il faut donc quatre ardieres pour les quatre bouts des ensouples. Celles de l'ensouple d'en bas ne servent qu'à la tenir en état avec un bandage *b*, qu'on lie au cotteret avec le lien ou la comende *e*, (*fig.* 11). Mais celle d'en haut, qui doit faire beaucoup de force, reçoit un bandage ou levier de 9 à 10 pouces de diametre, sur 6 pieds de longueur *ff* (*Pl. II*, *fig.* 1), avec un fort cable *hh*, qui est tendu par un moulinet ou treuil *H* (*fig.* 1 & 2), retenu par des crochets de fer *ii*, qui sont scellés dans la muraille, vis-à-vis des deux cotterets du Métier & derriere les Ouvriers. Les cordages *h* des treuils *H* répondent aux bandages ou leviers de l'ensouple d'en haut, & servent à la tourner pour tendre la chaîne, ce qui exige beaucoup de force. On n'en sera pas surpris, quand on fera attention qu'il faut tendre, avec une parfaite égalité, un grand nombre de fils de chaîne qui ont 30 pieds de long; & quelque grosses que soient les ensouples, elles plient infailliblement dans le milieu, ce qui fait que les bords de la chaîne sont toujours plus tendus que le milieu, inconvénient auquel on n'a point encore remédié. Je crois qu'il seroit possible d'empêcher les ensouples de fléchir en les armant de quatre bandes de fer plat, qui seroient arrasées à la circonférence des ensouples ([a]).

Nous avons dit que les ensouples, (*Pl. I, fig.* 3 & 4) étoient creusées d'une rainure dans toute leur longueur; ces rainures sont destinées à recevoir des tringles de bois *a a*, (*fig.* 8) d'environ un pouce de diametre; ce sont, en termes de Tisserand, des *Verdillons* qui servent à recevoir une des extrémités de la chaîne. On les arrête dans les rainures avec des chevilles de fer, qu'on place de 10 en 10 pouces, comme on le voit aux *Figures* 3 & 4, & comme nous l'expliquerons dans la suite.

Aux petits Métiers pour faire des meubles, au lieu des ardieres & des bandages dont nous venons de parler, la frette du bout de l'ensouple d'en bas, (*Pl. I, fig.* 3) est percée de trous, & au-dessus est fortement attachée une douille *a*, (*fig.* 6), dans laquelle est reçue la cheville *b* qui entre dans les trous *H* de la frette (*fig.* 3).

Au bout de l'ensouple d'en haut *I K* (*fig.* 4), sont des roues dentées dans les dents desquelles entre le linguet *c* (*fig.* 12) : cet ajustement se voit en place *E F* (*fig.* 1).

Outre le Métier & son équipage, il faut encore avoir, pour bien arranger la chaîne sur les ensouples, un *Vautoir* (*fig.* 7, *Pl. I*); il doit être de 8 ou 10 pouces plus long que la largeur de la piece qu'on se propose de monter, & d'autant plus fort que la piece est plus grande. Un vautoir, pour un Métier de 30 pieds, est composé de deux tringles de bois de chêne *a a*, *b b*, (*fig.* 7) chacune de 3 pouces de largeur, sur 2 pouces & demi d'épaisseur, & longue de 30 pieds. La partie de dessous *a a* doit être garnie de dents ou chevilles de fer, à peu-près à quatre ou cinq lignes de distance les unes des autres, mais toujours bien également distribuées. Dans toute la longueur, à l'extrémité ou aux deux bouts de cette premiere piece, il doit y avoir deux mortaises; la partie de dessus *b b* est précisément d'égale

([a]) On a éprouvé à Aubusson le même inconvénient; toutes les ensouples faites de bois vert ont plié dans le milieu à un tel point, qu'on a été obligé d'en changer plusieurs : mais les nouveaux Métiers de bois sec n'y sont presque pas sujets; il y en a même qui n'ont pas du tout fléchi. On a aussi la précaution, lorsqu'ils restent un certain temps sans travailler, de mettre aux ensouples des étais; on les soutient avec de gros cordages bien tendus, qui passent dans un anneau de fer attaché au plancher d'en haut. L'Inspecteur, pour faire des épreuves, a laissé des ensouples toutes prêtes à monter, deux ans exposées au grand soleil & aux rigueurs de l'hyver, en ayant le soin de les faire, de temps à autre, tourner sur différents sens; le bois ayant une fois fait son effet, elles ont été les meilleures.

dimenſion que celle de deſſous ; elle doit avoir une rainure tout du long, dans laquelle les dents de fer de celle de deſſous puiſſent entrer, & à chaque bout un tenon qui entre dans la mortaiſe de celle de deſſous, afin que ces deux pieces réunies ſoient fermement jointes l'une à l'autre, & que la chaîne qui doit être diſtribuée, avec beaucoup d'égalité, dans chaque eſpace entre les dents de fer, ne puiſſe s'échapper, quoiqu'elle ait la liberté de couler entre les dents, ſans en ſortir.

Nous avons parlé de la matiere qui forme l'Etoffe, & des pieces qui compoſent le Métier, ainſi que de ſes dépendances ; il faut détailler l'uſage que l'on en doit faire.

Maniere de monter la Chaîne ſur le Métier.

Il convient d'abord de décider la largeur & la hauteur qu'on veut donner à la piece qu'on ſe propoſe de monter ſur le Métier ; par exemple, pour monter un Tapis de 26 pieds de largeur, il faut un Métier de 30 pieds, parce que le Métier doit excéder l'Etoffe de deux pieds par chaque bout. Cet exemple ſuffit pour les Tapis de toute ſorte de grandeurs ; car il eſt ſenſible qu'on choiſit, à proportion de l'étendue des Tapis, des Métiers plus ou moins grands. Il eſt de l'intérêt du Fabriquant de ne pas employer de grands Métiers pour de petits Tapis.

On doit commencer par monter la chaîne ſur le Métier, puiſque c'eſt elle qui fait la baſe du tiſſu. Pour un Tapis de la grandeur que nous venons de ſuppoſer, il faut, entre 70 ou 80 livres de fil de laine blanche, plus ou moins, ſuivant qu'elle eſt plus ou moins fine ; à quoi il faut ajouter un dixieme de la même laine qui doit être teinte en bleu, pour que dans la chaîne montée ſur le Métier, le dixieme fil ſe diſtingue des autres par ſa couleur ; c'eſt ce qui regle l'Ouvrier pour bien exécuter ſon deſſein ([a]).

Il eſt ſenſible que pour les Tapis, comme pour tous les autres Tiſſus, il eſt néceſſaire que les fils de la chaîne ſe diviſent en deux plans, entre leſquels on paſſe les fils de la trame. Ainſi, pour ourdir la chaîne des Tapis, il faut, comme pour tous les autres tiſſus, faire une grande & une petite croiſée. On ne ſe ſert point pour les Tapis d'un ourdiſſoir tournant, comme pour les Draps & les pieces de toile qui ont beaucoup de longueur.

Car les chaînes des Tapis ayant peu de longueur, on s'établit, pour les ourdir, dans une ſalle qui ait plus de longueur que la chaîne n'en doit avoir (*Pl. III*, *fig.* 1) : à un bout ſont ſcellées trois chevilles *a*, *b*, *c*, (*fig.* 1 & 2, éloignées les unes des autres de 8 à 9 pouces. C'eſt ſur elles qu'on forme

([a]) Le long uſage qu'ont à Aubuſſon les Maîtres Ouvriers Conducteurs, & les diverſes épreuves bien conſtatées, d'après leſquelles on a déterminé la quantité de chaîne qu'il faut, eu égard à la grandeur de chaque Tapis, les mettent en état de ne jamais ſe tromper ; on l'évalue à une livre, & autant peſant de tiſſu par chaque aune quarrée, qui comprend 28 portées, compoſées du même nombre de fils que celles de la Savonnerie, diſtinctes chacune par un fil noir.

forme la grande croisée, & à 25 ou 26 pieds de ces chevilles plus ou moins, suivant la longueur des pieces, on scelle une autre cheville *d* (*fig.* 1 & 3), pour faire la petite croisée ([a]).

On croit pouvoir se dispenser d'expliquer fort en détail ce que c'est que *la grande* & *la petite croisée*, non-seulement parce que cet Article est expliqué fort au long dans l'Art du Drapier, mais encore parce qu'on peut s'en instruire aisément chez tous les Tisserands.

Il suffit de dire qu'on attache le fil à la cheville *d* (*fig.* 1 & 3), puis on va le passer sur la cheville *a* (*fig.* 1 & 2). En descendant, on le passe devant la cheville *b*, puis encore en descendant derriere la cheville *c* qu'on enveloppe, & en remontant, on passe le même fil derriere la cheville *b*, puis encore en remontant sur la cheville *a*. Ces enlacements se voyent sensiblement à la *Figure* 4, alors la grande croisée est faite, & on va passer le fil sur la cheville *d*, (*fig.* 1 & 3), ce qui fait la petite croisée, puis on revient faire une nouvelle croisée sur les chevilles *a*, *b*, *c*.

Nous avons dit qu'il falloit mettre la cheville unique *d* à 25 ou 26 pieds des trois chevilles *a*, *b*, *c*, quoique nous ayons fixé la longueur du tapis à 20 pieds; mais cet excédent est nécessaire pour les bouts de la chaîne qui restent sur les ensouples sans être tissus, parce que, dans ces Fabriques, on ne se sert point de fils de pêne, comme le font les Tisserands & les Drapiers.

Nous avons dit encore que, suivant la grandeur des Tapis, il falloit rapprocher ou éloigner la cheville *d* des chevilles *a*, *b*, *c*. Pour le faire commodément, on attache, avec des chevilles de fer, la piece de bois *e e* (*fig.* 1 & 3) à des pattes qui sont scellées dans le mur *ff* (*fig.* 1), & avec d'autres chevilles de fer, on attache solidement sur la piece de bois *e e* la cheville *d* par le bout *g* où elle s'élargit (*fig.* 3 & 5).

On voit en *h* (*fig.* 1) une boîte divisée en deux; on met, d'un côté, les pelottes de fil blanc, & de l'autre celles de fil bleu.

Avant de commencer l'ourdissage, il faut savoir la quantité de fil nécessaire pour la chaîne d'un tapis, auquel on se propose de donner, par exemple, 26 pieds de largeur, ce qui se fait en calculant le nombre des dixaines ([b]), qui monte environ à 324, toutes composées de dix points, & par conséquent de vingt fils, puisque, comme on le verra dans la suite, le point est composé d'un fil de devant, & d'un de derriere, dont il y a 18 de blancs, & deux de bleus; en conséquence, les 324 dixaines composent six mille quatre cents quatre-vingt fils tant de devant que de derriere, sans y comprendre les lisieres qui doivent toujours avoir au moins à chaque bord vingt-quatre fils, ce qui fait 48 fils de plus, qui, étant ajoutés aux 6480, font en tout 6528 fils.

([a]) A Aubusson, on regarde l'ourdissage comme assez important pour que les Maîtres-Ouvriers fassent eux-mêmes ce travail.

([b]) Les dixaines tiennent lieu de ce que les Drapiers & les Tisserands nomment des *Portées*.

Comme les chevilles *a b c* & *d*, qui sont scellées à la muraille, ne peuvent être chargées que de dix dixaines de fils qui composent cent points, & par conséquent deux cents fils, dont on doit toujours, en ourdissant, mettre neuf points blancs & un bleu, ce qu'on observe successivement jusqu'au nombre de cent points ; les chevilles étant alors chargées de tout le fil qu'elles peuvent porter, on passe des ficelles dans les *Croisieres* ou croisées qui ont été formées sur les chevilles, de sorte que ces ficelles tiennent la place, une de la cheville *c*, l'autre de la cheville *b* (*fig.* 1, 2 & 4), & une autre de la cheville *d*, (*fig.* 1 & 3) ; quand on a noué les cordons bien serrés, on ôte de dessus l'ourdissoir cette centaine, & pour qu'elle ne se mêle point, on l'enlace, comme on le voit (*fig.* 6), ensuite on recommence une autre centaine, ce que l'on continue toujours de même jusqu'à ce qu'on ait ourdi le nombre de 324 dixaines : alors l'ourdissage est fait.

Nous ferons seulement remarquer qu'il faut toujours ourdir fil à fil, parce que si l'on ourdissoit plusieurs fils ensemble, comme font les Tisserands & les Drapiers, la chaîne seroit tendue moins également, & ces inégalités occasionneroient dans la Fabrique des godes qui rendroient la piece désagréable, au lieu qu'en ourdissant fil à fil, on rend l'étoffe bien plus unie.

Cette attention n'est nécessaire que pour la chaîne de nos Tapis, qui est d'une laine retorse & dure ; dans les autres Fabriques où les chaînes sont faites avec de la soie, du fil, ou même du coton, ou un fil simple de laine, l'inconvénient n'est plus le même, ces fils étant plus lisses & plus souples, ils coulent plus aisément & plus également entre les doigts.

Voila la chaîne ourdie, & toute prête à être montée sur le Métier. Nous allons tâcher d'expliquer la maniere de la mettre en place, c'est-à-dire, de la monter.

Comment on monte la Chaîne sur le Métier.

Pour bien monter une chaîne sur le Métier, il faut que tous les fils qui la composent soient rangés bien réguliérement dans toute la longueur des ensouples ; c'est à quoi sert admirablement bien le vautoir (*Pl. I*, *fig.* 7) ; pour cela on le place le long de l'ensouple d'en bas : comme il est composé de deux pieces *aa*, *bb*, (*fig.* 7), on ôte la piece de dessus *bb*, qui a simplement une rainure ; on ne laisse sur l'ensouple que celle de dessous *aa*, qui porte les dents de fer ; alors on marque sur le vautoir la mesure de la piece qu'on veut monter, nous l'avons fixée à 26 pieds. Il faut mettre sur chaque bout 3 pouces de plus, pour tenir lieu du rétrecissage ; la mesure étant bien marquée, on compte les dents du vautoir qui sont comprises dans cette étendue ; alors on fait le calcul des fils de chaîne ; & en divisant le nombre des fils par celui des dents du vautoir, on voit combien il doit entrer de fils comme 6 ou 7 ou 8 entre deux dents, afin que la chaîne divisée par centaine, soit placée tout du long du vautoir par le bout où est la double croisure, c'est-à-dire, par celui où elle a été sur le bout de l'ourdissoir où sont les trois chevilles *a b c.* Pour la répartir sur le vautoir, on en défait les ficelles avec beaucoup de soin ; puis on passe dans la croisure d'en bas un bâton que les Tisserands appellent *Verdillon aa*, (*Pl. I, fig.* 8) ; il doit être d'un pouce de diametre. On a déja dit que le verdillon est destiné à être logé dans la rainure de l'ensouple d'en bas ; on passe encore, dans les deux croisures, une petite corde moins grosse que le doigt *P P* (*fig.* 2), pour pouvoir conserver bien exactement les croisures ; alors on défait totalement les ficelles qui lioient les centaines pour mettre la chaîne en liberté : on laisse cette partie de chaîne sur le devant du vautoir, & on jette tout le reste de la chaîne derriere le Métier. Quand cela est fait, on distribue cette portion de chaîne dans chaque dent du vautoir, suivant le calcul qu'on en a fait; y étant bien distribuée, on répete la même opération sur toutes les centaines qui doivent former la totalité de la chaîne ; alors on apporte la partie supérieure du vautoir *b b*, & on la place sur celle de dessous *a a*, faisant entrer les dents de la partie inférieure du vautoir dans la rainure de celle de dessus.

Quand les deux pieces du vautoir sont bien assemblées, on les lie l'une à l'autre, le plus serré qu'il est possible, de deux pieds en deux pieds, afin que la chaîne ne puisse s'échapper.

Il faut ensuite monter le vautoir à 6 pouces de l'ensouple d'en haut, & toute la chaîne s'éleve avec lui. On le tourne sur le côté, de sorte que la partie où est le bâton ou verdillon, qui est passé dans la double croisure, soit tourné du côté de l'ensouple d'en bas ; car le verdillon & les cordes qui conservent les croisures, doivent rester entre l'ensouple d'en bas & le vautoir : on arrête fermement le vautoir ainsi placé, en le suspendant par des cordes de distance en distance. Alors on prend le verdillon destiné à être dans l'ensouple d'en bas, & qui est déja passé dans la chaîne ; on le tire en en bas ; il attire la chaîne avec lui jusqu'à ce qu'il soit à portée d'être placé dans la rainure de l'ensouple d'en bas, où on l'assujettit avec les chevilles de fer qui l'arrêtent, comme on le voit (*Pl. I, fig.* 4). Quand il est solidement assujetti dans cette rainure, on jette l'autre partie de la chaîne qui est au-dessus du vautoir, & qui fait la plus grande partie de la piece, sur l'ensouple d'en haut ; elle retombe par derriere le Métier ; pour lors on prend le bâton ou verdillon qui est destiné à être placé dans la rainure de l'ensouple d'en haut, après avoir défait les petites ficelles qui lient toutes les centaines par ce bout-là, on y place le bâton, & on le laisse dans la chaîne : il faut après cela tourner l'ensouple d'en bas, & rouler la chaîne dessus jusqu'à ce que le bâton d'en haut soit venu vis-à-vis la rainure de l'ensouple d'en haut, où on le place & on l'arrête, comme on a fait le verdillon d'en bas, avec des chevilles de fer qui sont destinées à cet usage; alors c'est l'ensouple d'en haut qu'il faut rouler, & qui attire à elle toute la chaîne qui étoit sur l'ensouple d'en bas qu'on déroule à mesure.

Au moyen du vautoir, la chaîne se place également & réguliérement sur cette ensouple; car le vautoir, qui n'en est éloigné que de 6 pouces, dirige ainsi tous les fils de la chaîne réguliérement sur toute la longueur de l'ensouple. Comme ils sont placés dans le vautoir, il ne s'agit que de les bien étendre, & de prendre garde qu'il n'y ait des brins qui se croquevillent. Quand la chaîne est toute placée sur l'ensouple d'en haut, il faut, pour la bien établir sur celle d'en bas, prendre l'aplomb de la chaîne d'en haut, ce qui se fait en comptant les dixaines; & partant de celle du milieu, on établit la chaîne en bas suivant cet aplomb, en marquant juste la largeur du tapis sur l'ensouple d'en bas, de sorte qu'il y ait 13 pieds de chaque côté, qui font les 26 pieds que la chaîne doit avoir. On arrange réguliérement tous les fils par dixaines; ce qui étant fait, on place à demeure le bâton ou verdillon dans la rainure de l'ensouple d'en bas; on l'arrête fermement avec les chevilles de fer; pour lors on fait usage de l'équipage, & on arrête l'ensouple d'en bas avec les ardieres, les bandages & le cable ou la commende, afin qu'elle soit bien stable & solidement arrêtée. Ensuite on place un pareil équipage à l'ensouple d'en haut; mais comme celui-ci est destiné à bander la chaîne très-fortement, on se sert du treuil ou moulinet *H* (*Pl. II*, *fig.* 1 & 2), qui est scellé dans la muraille, vis-à-vis des deux cotterets du Métier.

Quand la chaîne est bien bandée sur le Métier, on passe entre les fils de devant & ceux de derriere, un bâton *Q Q* (*Pl. I*, *fig.* 2 & 10), qu'on nomme *Bâton d'entre-deux*; il sert à distinguer encore plus aisément les fils de derriere de ceux de devant, & aussi à faire les lisses.

On sait que *les lisses* sont de menues ficelles qu'on attache à tous les fils ou points de derriere: on voit en *N* (*Pl. I*, *fig.* 1) une lisse attachée à un fil; elle sert à ramener en avant les fils de derriere, soit pour faire le point qui forme l'ouvrage, soit pour passer la trame qui doit arrêter les points compris dans une rangée. Comme les lisses sont d'usage pour toutes sortes de tissus, il est assez inutile d'expliquer fort en détail comment on les fait; nous ferons seulement remarquer que, comme au Métier que nous avons décrit, il n'y a point de marche, on tire, au moyen des lisses, avec la main gauche les fils de derriere qu'on veut porter en avant, & toutes les lisses sont enfilées par le bâton de lisse *LM* (*fig.* 2 & 5, *Pl. I*).

Quand on a mis, à la hauteur où peut atteindre la main gauche de l'Ouvrier, qu'on suppose assis sur son banc, la perche des lisses *LM* (*Pl. I*, *fig.* 2, & *Pl. IV*, *fig.* 1 & 2), on abaisse à la même hauteur le bâton d'entre-deux *Q Q* (*Pl. I*); & pour que les lisses soient toutes d'une même étendue, il faut faire ensorte que la perche des lisses & le bâton d'entre-deux soient arrêtés

arrêtés fixement à une certaine distance l'un de l'autre. Pour cela on pose de distance en distance 4, 5 ou 6 petites plaques de fer entaillées par leurs extrémités, & qu'on nomme *Calais*, *m* (*fig.* 3, *Pl. II*), de sorte qu'une entaille du calais porte sur la perche des lisses, & que l'autre entaille repose sur le bâton d'entre-deux ; de cette façon, ces deux perches ne peuvent se rapprocher ; alors on tend, vis-à-vis la perche des lisses *LM* (*Pl. I*, *fig.* 2 & 5), une ficelle *lm* (*fig.* 5), sur laquelle on doit lier toutes les lisses : un second Ouvrier se place derriere le Métier ; l'Ouvrier du devant du Métier lui passe une ficelle ; celui de derriere prenant dans cette ficelle un fil de derriere de la chaîne, il repasse la ficelle à celui de devant qui l'arrête & la noue sur la ficelle *lm* qui est tendue devant la perche des lisses ; & en continuant de même de fil en fil, tous les fils de derriere sont pris par une anse de ficelle qu'on nomme *Lisse*, comme on le voit (*fig.* 1) en *N*, & toutes les lisses sont liées sur une ficelle *lm* (*fig.* 5), & enfilées par la perche des lisses *LM*. Tout cela est représenté en situation (*Pl. I*, *fig.* 2, *Pl. II*, *fig.* 1, & *Pl. IV*, *fig.* 1 & 11). On releve un peu le bâton d'entre-deux *QQ* au-dessus de la perche des lisses *LM* (*Pl. I*, *fig.* 2) ; alors la chaîne est montée, & en état d'être travaillée. Nous allons dire un mot des outils dont les Ouvriers ne peuvent se passer.

Outils nécessaires aux Ouvriers.

Il convient, avant de mettre l'Ouvrier à l'ouvrage, de donner la connoissance des outils dont il a besoin.

Il faut, 1°, un peigne d'acier *A* (*Pl. IV*, *fig.* 3), dont les dents soient de bonne trempe & très-polies. Les dents de ce peigne ont deux pouces de long ; la partie pleine qui porte ces dents, deux pouces & demi ; & tout le peigne avec le manche porte 9 pouces de longueur. On l'a représenté sur le côté en *B* (*Pl. IV*, *fig.* 3), pour faire voir qu'il a une inflexion au défaut du manche [a].

2°, Un tranche-fil (*fig.* 4) de 9 pouces de long, dont la lame *a*, longue de 3 pouces, soit bien affilée, & qui ait un anneau ou crochet au bout *b* [b].

3°, Des ciseaux (*fig.* 5) qui soient coudés par les branches *b*, & longs de 8 pouces [c].

4°, Il faut encore une boîte (*fig.* 6) destinée à y placer les broches ; elle a environ 14 pouces de large sur 18 pouces de long ; elle est divisée en petits compartiments quarrés de 4 pouces chacun, ce qui doit faire douze sé-

[a] Les peignes d'Aubusson, qui ont la même figure que ceux de la Savonnerie, ont, avec les manches, 11 pouces de longueur ; les dents, au nombre de douze par chaque peigne, ont deux pouces : ils pesent une livre & un quart.

[b] A Aubusson, les tranche-fils ont un pied 6 pouces de long, la lame ou tranchant 9 pouces ; la tige de ceux dont on se sert pour les Tapis en laines communes, a six lignes de grosseur, & celle pour les Tapis fins, quatre : la longueur de ces derniers est la même que celle des premiers.

[c] A Aubusson, la longueur des ciseaux est de 9 pouces.

parations dans lesquelles on place les broches qui servent à faire les points. Elles doivent être garnies de laines des différentes nuances, chaque nuance ayant son petit compartiment. ([a]).

5°, Il faut encore avoir un compas de 6 ou 7 pouces de longueur pour mesurer l'ouvrage, & s'assurer de temps en temps si l'on suit exactement le dessein auquel on doit s'assujettir, & qui représente les objets qu'on doit imiter.

6°, L'Ouvrier a encore besoin d'un poinçon (*Pl. III*, *fig.* 7), pour relever les points de l'ouvrage, quand il s'apperçoit qu'il s'est trompé, & que sa rangée est finie; ceux qui se servent pour cela de la pointe de leurs ciseaux, courent risque de couper la chaîne.

7°, Les broches (*Pl. IV*, *fig.* 7) qu'on charge de laine pour faire les points, doivent être de bon bois dur, longues d'environ 6 ou 7 pouces, & ayant 9 lignes de diametre; elles doivent être bien rondes; on ne charge de laine que la partie *a b* (*fig.* 7); on emploie ces broches en plus ou moins de quantité, suivant la nature de l'ouvrage & la variété du dessein ou des couleurs dont il est composé, & qui exigent plus ou moins de nuances ([b]).

Des Desseins ou Tableaux que l'Ouvrier doit imiter.

Il est nécessaire, avant d'entrer dans le détail de l'opération, de dire sur quoi sont faits les Desseins ou Tableaux que l'Ouvrier doit imiter. Il faut avoir une planche de cuivre (*Pl. III*, *fig.* 8), sur laquelle sont gravés des traits par dixaines comme *a a*, & que le dixieme trait soit plus marqué que les autres, parce qu'il indique le fil bleu de la chaîne. On imprime, avec cette planche, des feuilles de papier. Quand les feuilles de papier sont imprimées, il faut les doubler en collant par-derriere d'autres feuilles de papier, pour qu'elles aient plus de consistance, & qu'elles soient à peu-près aussi fortes qu'un foible carton; ensuite on les colle ensemble jusqu'à ce qu'on ait la même largeur & la même hauteur que doit avoir le Tapis. C'est sur ces feuilles de papier réunies qu'on fait peindre à l'huile le Dessein du Tapis qu'on veut exécuter, comme (*Pl. III*, *fig.* 9), où, pour éviter la confusion, on n'a marqué sur les feuillages du dessein que les traits qui indiquent les fils bleus ou les dixaines ([c]).

Il faut encore observer que, pour les Meubles & petits Ouvrages, on a

([a]) A Aubusson, les Métiers étant presque tous placés dans le même appartement, il y a deux ou trois & jusqu'à quatre Apprentisses, suivant qu'il y a de Tapis montés, dont l'occupation habituelle consiste à garnir les bobines ou broches de laines de toutes les couleurs qu'on y emploie; elles sont chargées d'en faire la distribution aux Ouvrieres, qui leur demandent celles dont elles ont besoin : chaque couleur a sa Case dans de grandes Caisses, de maniere qu'elles l'ont à la main dans l'instant. Cela ne seroit pas praticable à la Savonnerie, à cause de la multitude des nuances.

([b]) A Aubusson, les broches qu'on appelle *Bobines*, ont 5 pouces & demi de long sur trois quarts de pouce de diametre; jusqu'à présent on n'a fait nulle distinction du bois dont on les a faites.

([c]) A Aubusson, on peint les Desseins en détrempe, pour ménager sur tout, & être en état de fournir les Tapis à meilleur compte.

des planches dont les dixaines ſont plus fines, parce que les fils de la chaîne ſont plus fins. Au reſte le papier s'imprime de même.

Avant de remettre les Cartons au Peintre, on pique avec un poinçon les traits qui marquent les dixaines pour pouvoir les reconnoître, lorſque la couleur a trop caché les traits qu'on a marqués ſur le papier; & quand le Peintre rend ſon ouvrage, le Tapiſſier reconnoît, par les trous du poinçon, la poſition des traits qui indiquent les dixaines ou qui répondent aux fils bleus, & c'eſt le plus important; les autres s'arrangent avec une exactitude ſuffiſante preſque à la vue.

Pour que l'Ouvrier ait toujours ſous les yeux le deſſein qu'il doit exécuter, on coupe le carton par bandes, & on attache la bande qu'on travaille actuellement ſur la perche des liſſes avec quelques clous, comme on le voit (*Pl. IV*, *fig.* 1, 2 & 8), de ſorte que tous les forts traits du deſſein répondent aux fils bleus de la chaîne, & que l'Ouvrier, en levant les yeux, apperçoive ce qu'il a à exécuter.

Pour guider les jeunes Ouvriers dans leur travail, on eſt convenu de diſtinguer les fils de chaque dixaine par des termes qui ſont entendus de tous les Ouvriers. Pour les dix fils qui ſe croiſent (*Pl. II*, *fig.* 4), on diſtingue les horizontaux, en appellant le plus élevé *le premier fil*: il eſt déſigné par le trait 1 & 1; le ſecond rang de point s'appelle *deux de deſſous*, 2 & 2; puis *trois de deſſous*, 3 & 3; *quatre de deſſous*, 4 & 4; enfin *cinq de deſſous*, 5 & 5. Enſuite, en commençant par en bas, c'eſt *un de deſſus*, 1 & 1; *deux de deſſus*, 2 & 2 juſqu'à 5. Les dix traits verticaux ſe diviſent également en 5; ceux de la droite, qu'on appelle 1 *en deçà*, 2 *en deçà*, juſqu'à 5; ceux de la gauche s'appellent 1 *en-delà*, 2 *en-delà*, 5 *en-delà*.

Il eſt bon de remarquer que les 9 traits de la *Figure* 4 marquent les fils blancs compris entre les fils bleus. On a fait la figure ſur une grande échelle pour rendre plus ſenſible ce que nous avions à dire.

Façon de travailler.

Nous avons laiſſé le Métier monté, & les liſſes faites; alors les Ouvriers qui, pour un Tapis de 26 pieds, doivent être au nombre de quatre ou cinq ([a]), ſe mettent chacun à leur place aſſis ſur une planche *o* (*Pl. IV*), ayant la chaîne devant eux, & ils commencent par tirer deux lignes tout le long du Métier ſur la chaîne; elles doivent être tirées bien de niveau, & à un pouce de diſtance l'une de l'autre; il faut enſuite paſſer quatre cordes, les deux premieres moins groſſes que le petit doigt, & les deux dernieres à peu-près, ou même un peu plus groſſes que la ficelle à faire les liſſes; on paſſe la premiere corde en trame, & préciſément ſur la premiere

([a]) A Aubuſſon, quand l'ouvrage preſſe, on met dix & onze Ouvriers ſur un Tapis de 25 pieds; quand l'ouvrage ne preſſe pas, on en met moins.

ligne qu'on a tirée : en conſéquence la derniere ſe paſſe en duite & ſur la ſeconde ligne, afin que les fils de chaîne ſe trouvent naturellement ſéparés en fil de devant & fil de derriere. J'expliquerai dans la ſuite ce que c'eſt que de paſſer un fil en trame & en duite. Il faut que chaque corde ſoit tendue avec beaucoup de force pour qu'elle ſoit bien roide. C'eſt par le moyen de ces quatre cordes qui tiennent les fils de chaîne en état, qu'on arrange pour la derniere fois les points de chaîne bien exactement par dixaine avec le poinçon dont j'ai parlé à l'Article des Outils, ſe conformant bien exactement aux traits & à la meſure du deſſein qu'on doit imiter.

Pour cela on meſure exactement ſur le deſſein l'intervalle des fils bleus de 32 en 32 dixaines, & on vérifie ſi l'intervalle eſt le même entre tous les fils bleus de la chaîne qui indiquent les dixaines ; enſuite on vérifie de même les diſtances des dixaines de 16 en 16, de 8 en 8, puis de 4 en 4, enfin de 2 en 2 ; de cette façon les petites erreurs ſe répartiſſent ſur toute l'étendue de l'Ouvrage, & elles ne ſont point ſenſibles.

Les points ou les fils étant bien arrangés, chaque Ouvrier commence devant lui la liſiere d'en bas, qui n'eſt qu'un tiſſu ſans velouté ; & pour qu'elle ſoit bien égale, on tire ſur la chaîne une troiſieme ligne de niveau, afin de terminer la liſiere bien également & uniformément ſur cette troiſieme ligne, qui marque la largeur que la liſiere doit avoir.

Pour paſſer un fil en duite, l'Ouvrier place ſa main entre les fils de devant & ceux de derriere, ce qui eſt aiſé, parce que ces fils ſont ſéparés par le bâton d'entre-deux *QQ* (*Pl. I*, *fig.* 2), & tirant à lui une quantité de fils de devant, comme deux, trois ou quatre dixaines, il paſſe de la gauche à la droite une broche chargée de fils ; ayant répété cette même manœuvre dans toute la largeur du Tapis, ce fil eſt paſſé en duite. Il faut encore le paſſer en trame de la droite à la gauche. Pour cela l'Ouvrier tire à lui les fils de derriere, ce qu'il exécute en prenant une poignée de liſſes qu'il tire à lui ; donnant pluſieurs petites ſecouſſes pour que les fils de derriere ſe dégagent de ceux de devant, & tirant aſſez à lui les liſſes, il paſſe la broche chargée de fil entre les fils de derriere & ceux de devant ; c'eſt ce qu'on appelle *paſſer en Trame* : ainſi la différence qu'il y a entre le fil de duite & celui de trame, eſt que celui-ci paſſe derriere les fils de devant, & *le fil paſſé en duite*, par derriere les fils de derriere. Comme les Ouvriers ne peuvent pas travailler ſur la partie de la chaîne qui eſt roulée ſur l'enſouple, il y a une certaine longueur de chaîne qui reſte inutile & qui eſt perdue ; car, comme je l'ai dit, on ne ſe ſert point de pêne comme les Tiſſerands.

Façon de faire le Point.

Le point eſt ce qui caractériſe cette étoffe, & ce qui la diſtingue de toute autre ; car, aux velours, les fils de ſoie qui ſont coupés pour faire le poil du velours,

velours, ne ſont retenus que parce qu'ils ſont entrelacés & ſerrés entre les fils de la chaîne & ceux de la trame; mais ici les fils qui forment le velouté, ſont liés à chaque point ſur un fil de la chaîne : c'eſt ce qu'il faut expliquer.

On prend de la main droite *b* (*Pl. IV*, *fig.* 1 & 8) une broche garnie de laine de la couleur & de la nuance que marque le deſſein ; c'eſt ce que les habiles Ouvriers apperçoivent promptement ; & pour en faire le premier point, on ſaiſit avec les doigts de la main gauche *a* (*fig.* 1 & 8) le premier fil de devant de la premiere dixaine, ſur lequel on fait ſeulement une paſſée *c* (*fig.* 8), & ramenant par le moyen de la liſſe avec le doigt de la main gauche *a*, le fil de derriere, on fait ſur ce fil un nœud coulant *d* qu'on ſerre bien ferme; voila ce qui s'appelle *le Point*, qui s'exécute ſi promptement, que l'œil du ſpectateur a peine à appercevoir ce que fait l'Ouvrier. Le premier point fait, le ſecond ſe fait préciſément de même. Quand on a fait la paſſée ſur le premier fil de devant, avant de faire le nœud ſur celui de derriere, on place le tranche-fil *e* (*Pl. IV*, *fig.* 8) dans la laine de la paſſée ; on fait enſuite le nœud qu'on ſerre. On conçoit que le fil de la paſſée étant arrêté par le tranche-fil, forme un anneau, qui étant coupé, produit le velouté, & ce velouté eſt fermement arrêté dans l'étoffe par le nœud qu'on fait ſur le fil de derriere ; on continue de même à faire de nouveaux points juſqu'à ce que le tranche-fil ſoit plein ; alors en le ſaiſiſſant par l'anneau ou crochet *b*, (*fig.* 4) on le tire d'une petite quantité, & la lame coupe les anneaux de laine qui enveloppoient la partie *c* (*fig.* 4) du tranche-fil, ce qui forme le velouté. Mais il ne faut le tirer en entier qu'à la fin de chaque rang, parce que le tranche-fil doit reſter attaché à l'étoffe par pluſieurs révolutions de laine, le travail en eſt plus aiſé, & s'exécute plus réguliérement. Avant de tirer le tranche-fil, on frappe légérement deſſus avec le peigne (*fig.* 3), comme le fait l'Ouvrier (*fig.* 2) pour ſerrer les points qui ſont ſur le tranche-fil. Mais lorſqu'une rangée eſt totalement faite d'un bout du Tapis à l'autre, l'Ouvrier qui eſt à la tête du Métier paſſe un fil de chanvre en duite, qui doit aller d'un bout à l'autre du Tapis, & être tendu aſſez ferme ; enſuite il en paſſe un en trame ; mais il faut que celui-ci ſoit aſſez lâche pour faire toutes les inflexions des fils de la chaîne. Alors on bat fortement, avec le peigne, & les fils & les nœuds juſqu'à refus. Cette circonſtance contribue beaucoup à la perfection de l'ouvrage. Toutes les rangées ſe font comme nous venons de l'expliquer. Quand on fait de grandes Pieces qui doivent avoir beaucoup de force, on tient quelquefois le fil qu'on paſſe en trame plus fort que celui qu'on paſſe en duite.

Pour trouver aiſément la liſſe qui répond à un fil, l'Ouvrier pince entre deux doigts le fil de devant du point qu'il fait; conſervant ce fil entre les deux doigts, il remonte ſa main juſqu'à la hauteur des liſſes ; & paſſant le doigt dans la liſſe qui ſuit, il tire en avant le fil de derriere ſur lequel il doit achever ſon point.

On conçoit que les deux passées de fil en duite & en trame lient tous les points ensemble ; elles les réunissent, & par leur moyen le tout ne fait qu'un seul corps ; car ces passées se renouvellent à toutes les rangées, & toujours de même jusqu'à la fin du Tapis, ou de telles autres Pieces qu'on travaille.

Par ce que nous venons de dire, on conçoit que chaque point qui doit faire le velouté, est attaché par un nœud sur un fil de chaîne, & que tous les points sont liés les uns aux autres à chaque rangée par les fils de duite & de trame. Tout le tissu étant bien frappé par le peigne qui est d'acier & pesant, il en résulte une étoffe de la plus grande solidité.

On finit la piece par une lisiere, ainsi qu'on l'a commencée.

Il est bon de remarquer que le tranche-fil ne coupe jamais bien net le poil de la laine, ni assez ras. C'est pourquoi à toutes les rangées on ébarbe le velouté, & on le rend plus ras avec des ciseaux (*fig.* 5) qui ont les branches courbées, pour que les lames appuient plus exactement sur l'étoffe. Et pour que la main ait plus de force pour appuyer la lame de dessous des ciseaux sur l'étoffe qui est faite, on passe le pouce dans un des anneaux, & le petit doigt ou celui qui suit, dans l'autre anneau, afin de pouvoir appuyer deux ou trois doigts sur la branche ; on appuie donc la lame de dessous sur l'étoffe qui est faite, & on tond avec la lame de dessus la rangée de points qu'on vient de faire le plus ras & le plus également qu'il est possible. Les Ouvriers intelligents arrangent même les points de la derniere rangée qu'ils viennent de faire pour coucher les poils du côté qui convient pour que cette rangée se marie exactement avec celle qu'on va faire ; on gratte aussi le velouté avec le dos des lames des ciseaux, en allant & venant pour rebrousser tous les poils qu'on coupe ensuite ; & afin de couper les fils dans tous les sens, on tient le dessus de la main tantôt en haut, & tantôt en bas.

La science des Ouvriers consiste à bien choisir les nuances pour imiter exactement le Tableau ; & pour mélanger encore mieux les couleurs, ils marient quelquefois deux nuances ensemble, en chargeant les broches.

Pour charger les broches, on a un tour (*Pl. IV, fig.* 10), où, au lieu d'une broche, il y a en *a* une boîte *b*, dans laquelle on met le bout *c* d'une broche (*fig.* 4), qu'on assujettit au moyen de la vis *d*. L'ajustement *e* sert à avancer ou à reculer la bobine, pour tendre plus ou moins la corde *f* ; *g* est une lame pour couper la laine quand la broche en est assez chargée ; *h* est une boîte dans laquelle on met les pelottes de laine dont on doit charger les broches. ([a]).

On voit, par ce qui vient d'être dit, que pour faire les Ouvrages, façon

([a]) On n'a pas l'usage de se servir de tour à Aubusson, pour charger les broches ou bobines ; on met dans une boîte les pelottes de laine, & les Ouvrieres qui ont ce détail, les dévident à la main sur des broches. M. Châteaufavier se propose de faire faire un tour, & d'engager les Maîtres à s'en servir.

du Levant, il faut tendre verticalement des fils de laine retorse pour faire la chaîne, & les séparer en deux plans, de sorte qu'il y ait toujours alternativement un fil du côté de l'Ouvrier, qu'on nomme le *fil de devant*, & un fil du côté de la face postérieure du Métier, qu'on nomme le *fil de derriere*. Or, pour faire le point, on fait une simple passée sur le fil de devant, qui se présente tout naturellement à la main de l'Ouvrier; ensuite, au moyen des lisses, on tire en devant un fil de derriere, sur lequel on fait un nœud, & le point est fait; comme cette étoffe doit être veloutée, on embrasse par la laine la partie arrondie du tranche-fil, ce qui forme des annelets ou de petites anses qu'on coupe avec la lame du tranche-fil, & qu'on ébarbe ensuite avec les ciseaux. On joint ensemble tous les nœuds avec un fil de chanvre passé en duite, & un autre passé en trame; enfin on serre tout ce tissu avec un peigne d'acier, dont les dents déliées passent entre les fils de chaîne, & qui ayant un certain poids, frappe fortement sur la trame & les nœuds, pour que l'étoffe soit bien serrée; mais à mesure que le tissu se fait, la partie où les Ouvriers doivent travailler, devient trop élevée pour qu'ils puissent y atteindre; & comme c'est une grande opération que de rouler la partie de l'étoffe qui est faite sur l'ensouple d'en bas, & de dérouler la chaîne de dessus l'ensouple d'en haut, pour s'épargner la peine de répéter fréquemment cette pénible opération, les Ouvriers élevent les planches sur lesquelles ils sont assis, & proportionnellement la perche des lisses & le bâton d'entre-deux; peu à peu ils s'élevent ainsi presque jusqu'au haut du Métier; mais quand ils y sont arrivés, il faut de nécessité rouler sur l'ensouple d'en bas la partie de l'étoffe qui est faite, & dérouler proportionnellement une partie de la chaîne qui est roulée sur l'ensouple d'en haut.

Quand l'étoffe fabriquée est roulée sur l'ensouple, elle est à couvert de la poussiere; mais lorsqu'elle est sur le Métier, elle y seroit exposée, si on ne la couvroit pas avec une toile qu'on tend dessus, à mesure que les Ouvriers avancent leur ouvrage; & avant de la rouler sur l'ensouple, on vergette, avec une brosse de chiendent ou un balai de bouleau, l'étoffe qui est faite.

Les Ouvriers tirent tout leur jour de derriere eux, & comme leur position est toujours un peu de côté, leur corps ne fait point d'ombre sur la partie qu'ils travaillent; ils voyent leurs fils de chaîne, les laines dont ils forment les points & le Tableau qu'ils doivent imiter; mais l'hyver, les jours étant fort courts, les journées finiroient de bonne heure, s'ils ne travailloient pas à la lumiere. Ils s'éclairent avec des chandelles des quatre à la livre qu'ils mettent dans des chandeliers, tels qu'on en voit dans quelques boutiques de Barbiers, où un bras brisé, qui s'éleve & s'abaisse sur une tige verticale, porte la bobeche; de cette façon l'Ouvrier porte la lumiere à l'endroit qui lui est le plus commode.

D'abord on se servoit aussi de chandelles à Aubusson; mais on a trouvé plus économique & plus commode de travailler avec des lampes que les Ouvrieres mettent dans des plaques de fer blanc qu'elles attachent sur leur poitrine, (*Pl. II, fig.* 5).

Ce qui rend les Ouvrages d'Aubusson beaucoup moins chers que ceux de la Savonnerie, est 1°, qu'on emploie à Aubusson des laines moins fines qu'à la Savonnerie; 2°, que presque tout le travail est fait par des femmes & des filles dans un pays où les vivres sont à bon compte, ce qui fait que les journées sont à beaucoup meilleur marché qu'à Paris; 3°, qu'un point des Tapis d'Aubusson équivaut à quatre points de la Fabrique des Gobelins; 4°, que comme on s'est apperçu qu'il n'y avoit que le bon marché qui pût favoriser le débit des Tapis de pied d'Aubusson, on s'est attaché à économiser sur tout, & on a renoncé à faire des Ouvrages aussi parfaits que ceux de la Manufacture Royale de la Savonnerie.

EXPLICATION DES PLANCHES
DE L'ART DE FAIRE LES TAPIS. FAÇON DE TURQUIE.

PLANCHE PREMIERE.

FIGURE 1. Elle représente les deux principaux montants ou les deux cotterets d'un petit Métier propre à faire des meubles : *BD*, un cotteret vu par la face qui regarde le dedans du Métier : *E*, la coupe de l'ensouple d'en haut : *F*, la coupe de l'ensouple d'en bas : *N*, le support du bâton des lisses : *M*, la coupe du bâton des lisses : *O*, la coupe du bâton d'entre-deux, qui sépare les fils de devant de la chaîne d'avec les fils de derriere. Ces deux fils sont marqués sur la Figure, & on voit que la lisse *P* répond au fil de derriere. On apperçoit encore que les deux fils s'étendent depuis l'ensouple d'en haut jusqu'à l'ensouple d'en bas.

On voit à l'ensouple *E* d'en haut la coupe de l'entaille où se loge le verdillon, & un linguet qui engrene dans une roue dentée, qui est aux deux bouts de cette ensouple aux petits Métiers pour meubles.

A l'ensouple d'en bas *F*, on voit la coupe de l'entaille où se loge le verdillon, & une douille avec une cheville qui fixent cette ensouple, & l'empêchent de se dérouler. On voit toutes ces pieces séparées, *fig.* 6 : *c*, le linguet de l'ensouple d'en haut *E* : *a*, la douille qui est au-dessus de l'ensouple d'en bas *F*, avec sa queue *a* qui traverse le cotteret, & qui y est fixée par l'écrou *d* : *b*, la cheville qui entre dans la douille *a*, & dans des trous qui sont aux deux bouts de l'ensouple. Je reviens à la Figure 1 : *AC*, est un cotteret vu par la face de dehors :

dehors : *S*, le trou où s'assemble la traverse d'en bas, ainsi que celle d'en haut : *E*, trou qui reçoit l'extrémité de l'ensouple d'en haut : *f*, trou où passe la queue de la douille *a* de la Figure 6 : *F*, trou qui reçoit l'extrémité de l'ensouple d'en bas : *M*, le bâton des lisses : *N*, support de ce bâton : *P*, une lisse.

Figure 2, la chaîne montée sur un petit Métier pour meuble : *S*, *S*, traverses du haut & du bas du Métier : *AC*, *BD*, les deux cotterets : *IK*, l'ensouple d'en bas. On voit auprès de *F* la douille avec la cheville qui entre dans les trous de l'extrémité de l'ensouple pour la tenir assujettie : *ML*, le bâton des lisses : *NN*, support de ce bâton : *O*, *O*, les lisses dans lesquelles le bâton est enfilé : *QQ*, le bâton d'entre-deux : *PP*, corde qui passe entre les fils du devant & ceux de derriere : *GH*, l'ensouple d'en haut : *EE*, on voit aux bouts de cette ensouple deux roues dentées, avec un linguet à chaque bout qui empêche l'ensouple de se détourner : *R*, la chaîne : *T*, l'ouvrage commencé.

Figure 3, l'ensouple d'en bas : *G*, *H*, les bouts-frettés ; les frettes sont percées de trous pour recevoir la cheville *b* de la Figure 6.

Figure 4, l'ensouple d'en bas : on voit aux extrémités *IK* les roues dentées ; on apperçoit aussi aux deux ensouples les rainures pour recevoir les verdillons.

Figure 5, le bâton des lisses *LM*, avec les lisses *lm*.

Figure 7, le vautoir : *aa*, la piece de dessous : *bb*, la piece de dessus : *aa*, *bb*, les deux pieces réunies.

Figure 8, un verdillon ou une perche qu'on passe dans les croisées, & qu'on place dans les rainures des ensouples.

Figure 9, une des pieces *NN* de la Figure 2, qui servent à supporter le bâton des lisses.

Figure 10, le bâton d'entre-deux *QQ*, *fig.* 2.

Figure 11, elle a rapport aux grands Métiers dont nous allons parler.

PLANCHE II.

Figure 1, un Métier pour faire de grands Tapis de pied : *FAEB*, un des cotterets avec son patin de charpente *CD*, qui est attaché au plancher par des étriers de fer : *B*, la tête du cotteret qui est attachée à la poutre avec des liens de fer : *E*, un bout de l'ensouple d'en haut : *F*, un bout de l'ensouple d'en bas : *b*, bandage ou levier qui sert à tourner l'ensouple d'en bas, au moyen d'un cordage qui entoure l'ensouple, & qu'on nomme *Ardiere* ; le bandage est arrêté au cotteret par une corde *ee*. Tout cela s'apperçoit mieux à la *Planche I*, *fig.* 11 : *AB*, un cotteret : *d*, l'ensouple d'en bas : *a*, l'ardiere : *b*, le bandage : *e*, la corde ou la commende qui arrête le bandage au cotteret. Je reviens à la Figure 1 de la Planche II : *ff*, le bandage qui sert à tourner l'ensouple d'en haut. Comme il faut tourner l'ensouple d'en haut avec beaucoup de force, on attache un cable au bout du bandage *f* vers *h*, & qui suivant la direction de la ligne ponctuée *hh*, va se rouler sur le treuil *H* qui tient à la muraille par de forts crampons de fer *i*, *i*, & on tourne le treuil par les leviers *L*, *L*. Tout ce qui regarde le treuil est indiqué par les mêmes lettres, & représenté dans un autre point de vue à la Figure 2. *M*, *fig.* 1, est le bâton des lisses qui, aux grands Métiers, est soutenu par un assemblage de Menuiserie *n n*, qui porte une traverse *NN*, sur laquelle repose le bâton des lisses : *Q*, est le bâton d'entre-deux. Après ce que nous venonsde dire, & l'explication que nous avons donnée du petit Métier à faire des meubles, on prendra aisément une idée juste de la disposition des grands Métiers.

Figure 3, elle indique comment on fait les lisses : *p*, un fil de devant : *q*, un fil de derriere, auquel il faut mettre une lisse : *Q*, le bâton d'entre-deux : *M*, la perche des lisses : *m*, petit instrument de fer plat, qu'on nomme *Calais*, qui s'appuie par les extrémités sur le bâton des lisses & sur le bâton d'entre-deux : *M*, *n*, la lisse qui embrasse le fil *q q*.

La Figure 4 a rapport à la Planche III, & la fig. 5 a rapport à ce qui est représenté sur la Planche IV.

PLANCHE III.

Figure 1, elle représente un Ouvrier qui ourdit une chaîne le long d'une muraille : *A*, l'Ouvrier en travail : *a*, *b*, *c*, les trois chevilles qui sont représentées en grand, *Fig.* 2, sur lesquelles on enlace les fils pour faire la grande croisée, comme on le voit *Fig.* 4 : *d*, *Fig.* 1 & 3, cheville unique, sur laquelle on fait la petite croisée ; il faut que cette cheville *d* s'approche ou s'éloigne des chevilles *a*, *b*, *c*, suivant l'étendue qu'on se propose de donner à la chaîne, ce qu'on fait aisément en changeant la position de la piece de bois *e e*, au moyen des chevilles *B*, *B* (*fig.* 1), qu'on met dans différents trous, & des pattes ou palettes *f*, *f* qui sont scellées à la muraille : on voit en *g*, *Fig.* 3 & 5, comment la cheville est solidement attachée à la piece de bois *e e* : *h*, *Fig.* 1, la boîte où l'on met les pelotes de laine, les unes blanches, les autres bleues, qui doivent servir à faire la chaîne.

Figure 6, elle sert à faire voir comment on enlace une portée de chaîne ourdie pour qu'elle ne s'emmêle pas : *c*, *b*, *d*, les liens qu'on met aux endroits où étoient les chevilles indiquées par les mêmes lettres.

Figure 7, un poinçon qui sert à arranger les points & à piquer les desseins.

Figure 8, un papier imprimé avec une planche de cuivre, & qui est chargé de raies qui marquent les points. Les grosses raies *a*, *a*, *a* marquent les dixaines ou les fils bleus, & les petites, les fils blancs. Un carreau *n* est représenté en grand sur la Pl. II, fig. 4, pour faire concevoir comment on indique les différents points aux Apprentifs, ainsi que nous l'avons expliqué dans le discours.

Figure 9, c'eſt un papier ſemblable à celui *Fig.* 8, mais ſur lequel on a deſſiné un bouquet de roſe qu'il faudra exécuter ſur l'Ouvrage.

PLANCHE IV.

FIGURE 1, un Métier monté : *A*, *B*, les cotterets : *GH*, l'enſouple d'en haut : *IK*, l'enſouple d'en bas : *P*, *P*, les cordes qui paſſent entre les fils de devant & ceux de derriere : *QQ*, le bâton d'entre-deux : *ML*, le bâton des liſſes auquel eſt attaché le deſſein qu'il faut imiter : *NN*, le ſupport de ce bâton; on l'a fait comme aux petits Métiers pour meuble, afin de moins embarraſſer la Figure. Sur l'enſouple d'en bas *IK*, eſt la partie de l'ouvrage qui eſt travaillée : *V*, Ouvrier qui fait le point : *a*, la main qui amene le fil de derriere en avant : *b*, la main qui fait le nœud. Cet Ouvrier eſt aſſis ſur une planche *oo*, ſur laquelle on voit la boîte où ſont les broches chargées de laine de différentes nuances.

Figure 2, on y voit tout ce qu'on a repréſenté ſur la *Figure* 1, excepté que l'Ouvrier *X* frappe les points avec le peigne.

Figure 3, le peigne d'acier: *A*, les dents : *B*, le manche. On l'a repréſenté de plat & vu de côté.

Figure 4, le tranche-fil : *a*, le tranchant : *b*, le manche.

Figure 5, les ciſeaux vus de plat & par le côté : *a*, les lames : *b*, les branches & anneaux.

Figure 6, une boîte diviſée par compartiments, dans laquelle on met les broches chargées de laine.

Figure 7, une broche vuide & une chargée de laine.

Figure 8, elle repréſente plus en grand ce qu'on a déja vu *Fig.* 1 : *a*, la main gauche qui tire les liſſes : *b*, la main droite qui tient la broche : *cd*, indique l'enlacement du fil pour faire le nœud : *e*, le tranche-fil engagé dans les points.

Figure 9, le tour pour charger les broches : *A*, la grande roue : *C*, la manivelle : *B*, la corde qui fait tourner la bobine *b*, qui eſt attachée par deux collets de cuir à la poupée *e*, qu'on approche ou qu'on éloigne de la roue au moyen de la vis *f*: au-deſſus de cette poupée eſt une lame *g* qui ſert à couper la laine : la bobine *b* forme une boîte dans laquelle on met le bout de la broche, & on l'y aſſujettit par la vis *d* : la partie *c* qui excede la boîte ſe charge de la laine qui eſt dans la caiſſe *H*, quand on fait tourner la roue *A*.

Figure 10, un Ouvrier qui charge de laine des broches.

Figure 11, une Ouvriere qui dévide des écheveaux de laine pour en faire des pelotes.

On voit, *Pl. II*, *fig.* 5, comment à Aubuſſon les Ouvrieres placent ſur leur poitrine une plaque de fer blanc, avec une lampe pour travailler à la lumiere.

EXPLICATION

De quelques Termes qui sont propres à l'Art de faire les Tapis Façon de Turquie.

A

Ardiere : c'est une grosse corde qui se roule autour de l'ensouple, & qui forme une anse dans laquelle on passe un levier sur lequel on agit avec force pour tourner l'ensouple.

B

Bandage : ce qu'on nomme *Bandage* est un levier qui sert à tourner l'ensouple au moyen de l'ardiere.

Baston d'entre-deux : c'est une perche assez menue, qu'on place entre les fils de devant de la chaîne & ceux de derriere, pour aider l'Ouvrier à les distinguer.

Broches ou Bobines, morceaux de bois ronds qu'on charge de laine, & que l'Ouvrier tient dans la main droite pour faire le point.

C

Calais, petites plaques de tôle, qui servent à fixer la longueur des lisses. Le calais repose d'un bout sur le bâton des lisses, & de l'autre sur le bâton d'entre-deux.

Cartons : on fait les Desseins sur du papier où l'on a marqué des carreaux avec une planche de cuivre gravée : on colle ces Desseins sur plusieurs papiers, ce qu'on nomme *des Cartons*.

Chaîne : elle est, comme aux autres tissus, formée par des fils qui s'étendent suivant la longueur de l'étoffe. Les fils qui la forment sont divisés en deux plans : les uns se nomment *les fils de devant*, & les autres, *les fils de derriere*.

Cotterets : on nomme ainsi deux fortes pieces de bois quarré placées verticalement, & qui terminent le Métier dans sa largeur.

D

Duitte : pour passer un fil en duitte, on tire en avant les fils de devant, & on passe le fil de duitte entre les deux plans de fils ; pour passer un fil en trame, on tire les lisses des fils de derriere en avant, & on passe le fil de trame derriere ces fils, & devant ceux de devant.

E

Ebarber : c'est couper avec des ciseaux les brins de laine qui n'ont pas été tranchés net par le tranche-fil.

Ensouples : ce sont deux fortes pieces de bois cylindriques ; on roule sur celle d'en haut la chaîne, & sur celle d'en bas l'étoffe à mesure qu'on la fait.

Equipages d'un Métier sont plusieurs cordages & leviers qui servent à tendre la chaîne : ils consistent en cable, ardiere, bandage, treuil, &c.

F

Fils : les fils de la chaîne sont divisés en deux plans qu'on distingue en *fils de devant* & *fils de derriere*, qui équivalent à ce qu'on appelle *les fils du pas d'en haut*, & ceux *du pas d'en bas*, aux tissus qu'on fait avec des marches. Les fils qui croisent ceux de la chaîne, se distinguent en *fils passés en trame*, & *fils passés en duitte* : consultez ces mots.

L

Lisses : ce sont des ficelles, au moyen desquelles l'Ouvrier tire en avant les fils de derriere.

M

Moulinet. Voyez *Treuil*.

P

Peigne : c'est un instrument d'acier & pesant, qui a à un bout un manche par lequel on le saisit, & à l'autre, des dents qui entrent entre les fils, & qui servent à frapper sur la trame.

Perche des Lisses : c'est un assez gros morceau de bois rond, dans lequel on passe les lisses qui répondent aux fils de derriere.

Point : le point sarrasin est celui qu'on emploie pour faire les Tapis, façon de Turquie ; chaque point de laine est lié sur la chaîne.

S

Stromatourgie, mot imaginé par Pierre Dupont, Tapissier du Roi pour le Point Sarrasin : il est composé de deux mots Grecs, qui signifient *Tapis* & *Ouvrage*.

Savonnerie, Maison de Chaillot où est établie la Manufacture Royale des Tapis, façon de Turquie, c'est pourquoi on nomme souvent ces Tapis de la Savonnerie.

T

Tapis : ce sont des pieces de quelques étoffes dont on couvre des tables, des barreaux, ou qu'on étend sur les parquets pour les rendre plus chauds. On les nomme *Tapis de pied* : c'est de ceux-ci dont il s'agit.

Trame. Voyez *Duitte*.

Tranche-fil : c'est une broche d'acier ronde sur laquelle on noue le point : à un bout, elle porte un crochet pour la tirer commodément ; & à l'autre, une lame tranchante pour couper la laine & former le velouté quand on tire l'aiguille & le tranche-fil.

Treuil, cylindre de bois posé horizontalement, & dont on se sert pour tourner avec force l'ensouple : souvent les Ouvriers le nomment *Moulinet*.

Turquie. Les Tapis, façon de Turquie : ils se font à la Manufacture Royale de Chaillot, connue sous le nom *de Savonnerie* : il s'en fait aussi de plus communs à Aubusson.

V

Vautoir, espece de ratelier entre les dents duquel on distribue les fils de la chaîne, pour la bien répartir sur toute la longueur des ensouples.

Verdillon, perche de bois qu'on passe dans les croisées de la chaîne, & qu'on loge dans les rainures des ensouples.

Fin de l'Art des Tapis, Façon de Turquie.

De l'Imprimerie de L. F. DELATOUR. 1766.

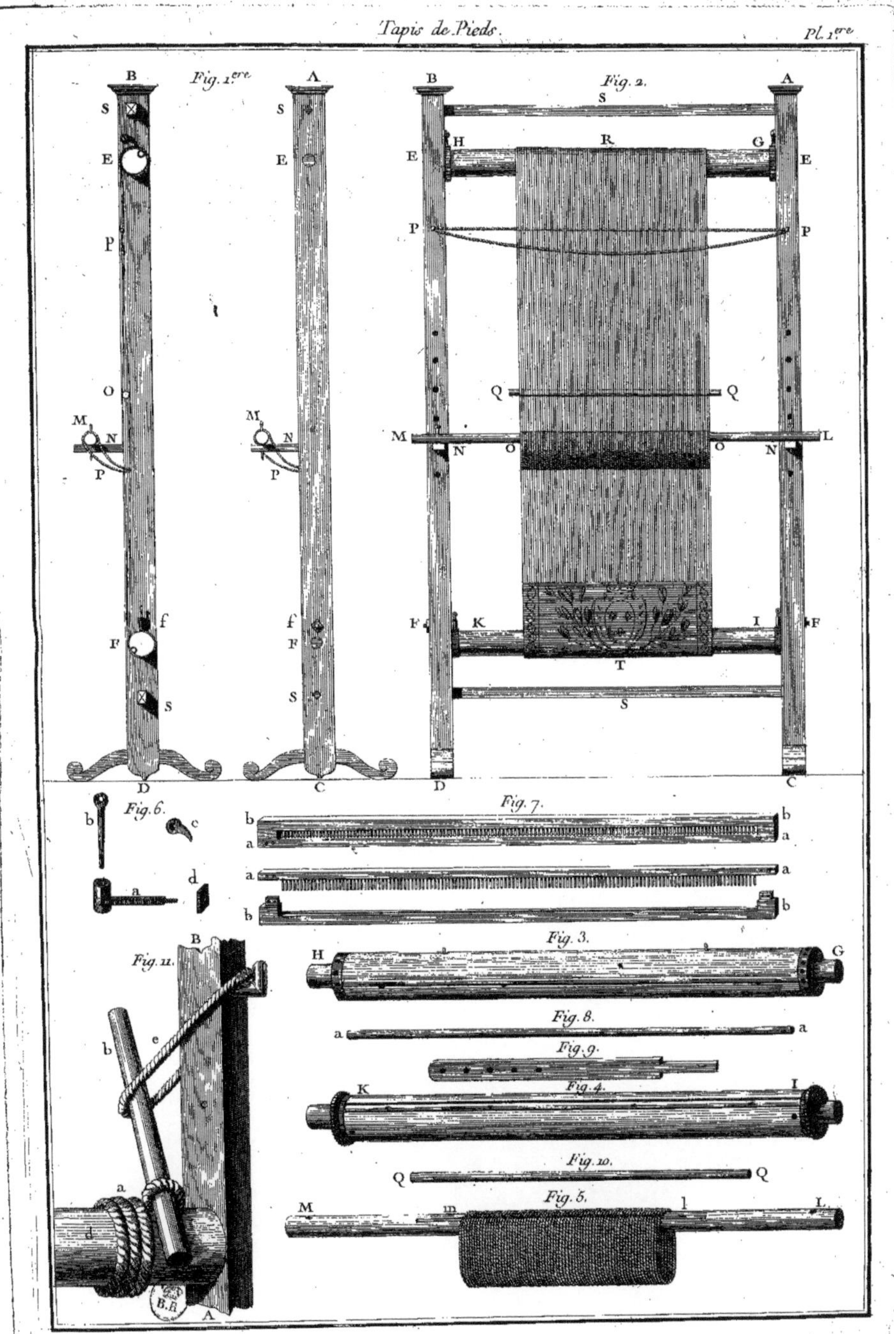
Tapis de Pieds.
Pl. 1.ere
Fig. 1.ere
Fig. 2.
Fig. 3.
Fig. 4.
Fig. 5.
Fig. 6.
Fig. 7.
Fig. 8.
Fig. 9.
Fig. 10.
Fig. 11.

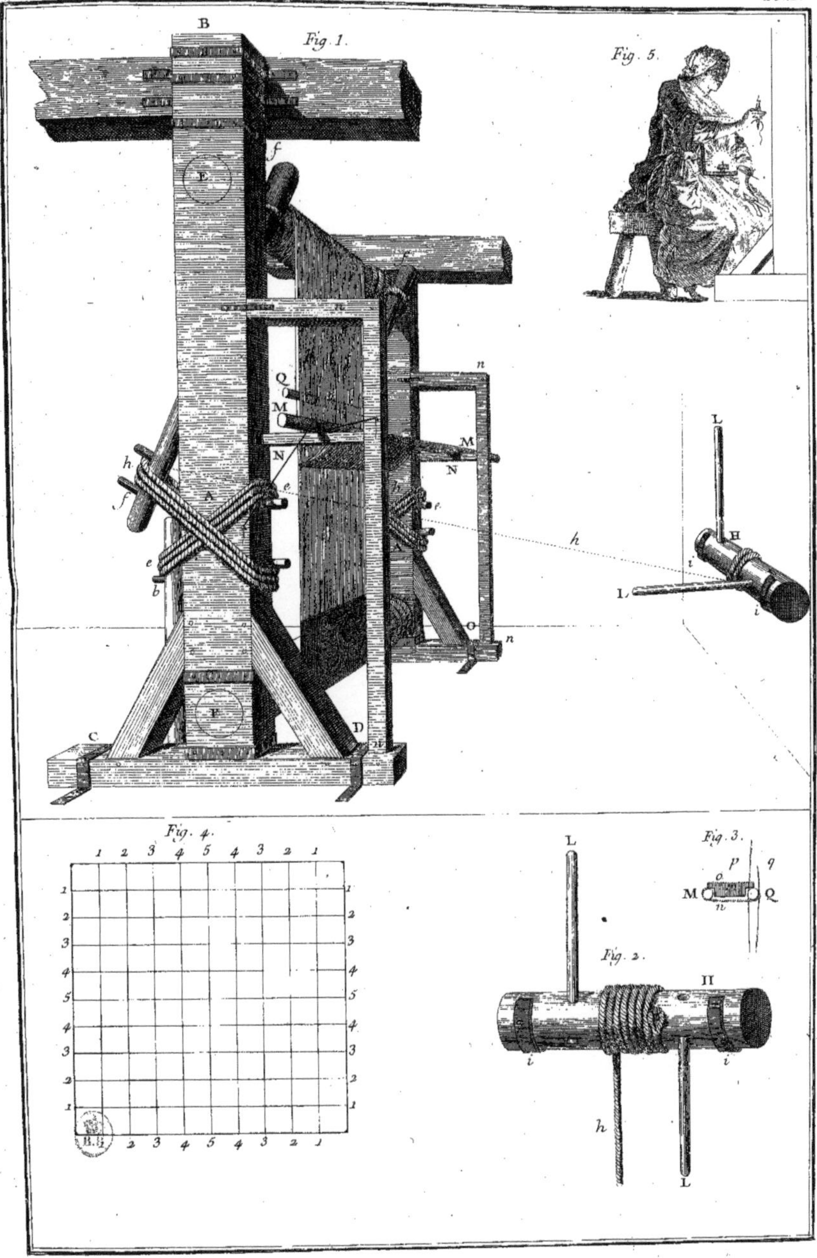
Fig. 1.
Fig. 5.
Fig. 4.
Fig. 3.
Fig. 2.

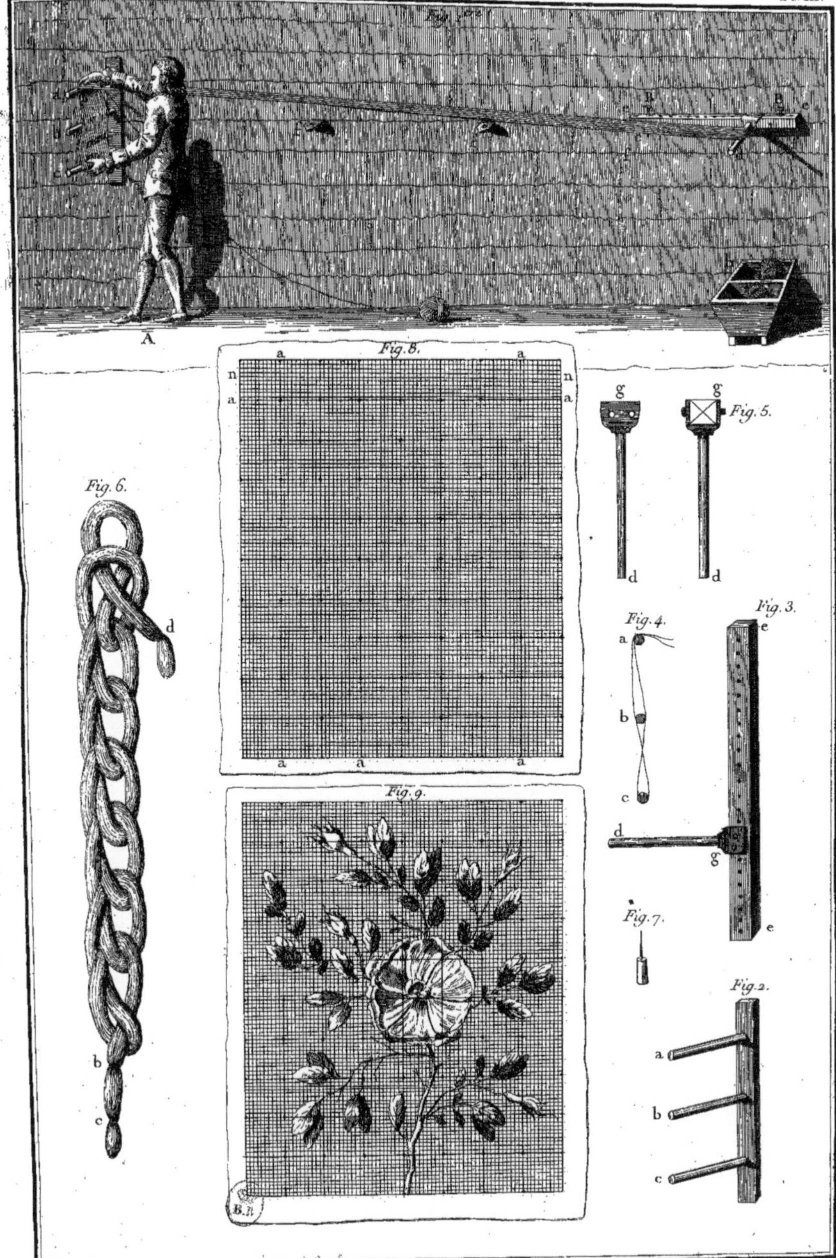
A
Fig. 8.
Fig. 5.
Fig. 6.
Fig. 4.
Fig. 3.
Fig. 9.
Fig. 7.
Fig. 2.

Tapis de Pieds. Pl. IV.

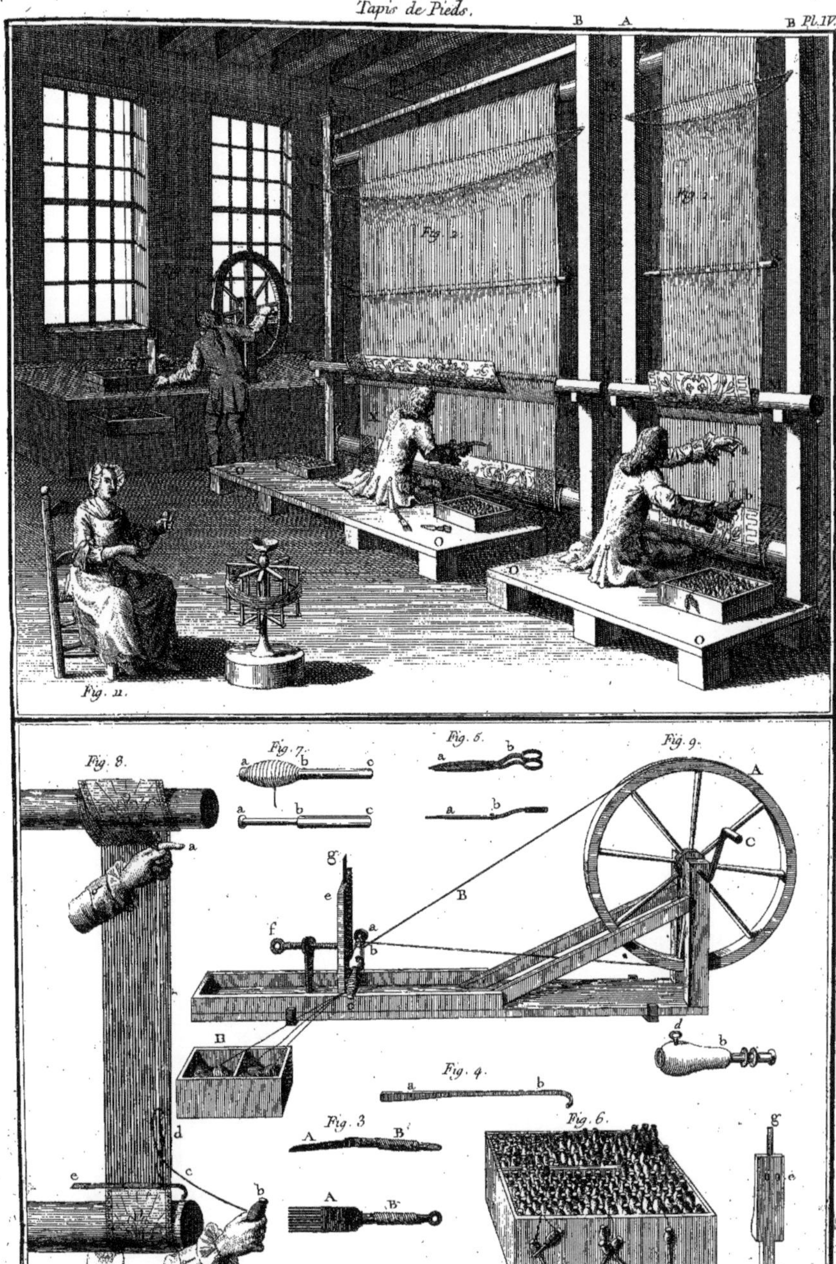

www.ingramcontent.com/pod-product-compliance
Ingram Content Group UK Ltd.
Pitfield, Milton Keynes, MK11 3LW, UK
UKHW012115240726
13965UKWH00004B/1788